AF286610

Forord

Denne bog er skrevet til min familie, mine børn og børnebørn, mine søstre, svogre, nevøer, niecer og kusiner.

Bog 1A var fortællingen om min mor, Ruth Inges, liv. I denne bog 1B vil jeg forsøge at tegne et billede af 2 unge mennesker, der ved at forlade deres fædreland, forsøger at forbedre deres livsmuligheder, og dermed også har ændret deres efterkommeres livsbetingelser.

På anetavlen for Ruth Inge Kristensen er det personerne på venstre side af tavlen, bogen omhandler, nemlig anenumrene 2, 3, 4, 5, 8 og 9.

Det eneste eksisterende billede af Ruths biologiske familie.
Et familiebillede fra omkring 1913? Assor Petersen står nr.2 fra venstre i øverste række. Nr.2 fra højre i forreste række er Carla Cathrine Pedersen. Hvem de øvrige er, kan der kun gisnes om. Et gæt kan være: nr.2 fra venstre i øverste række Metthenius, Assors bror. I midterste række fra venstre kan det være Maren Petersen, Assors og Mettheniuses mor. Ved siden af kan det være Carlas forældre Vilhelm og Anne Marie Petersen. Mon den lille dreng i midten er Carla og Assors søn Børge, født 1911.??

Anetavle for Ruth Inge Kristensen

25 okt 2012

#1 Ruth Inge Kristensen
Født 27 sep 1916
Rigshospitalet i København
Gift 26 dec 1942
Frederikshavn kirke
Død 13 dec 2007
Kastaniegården, Frederikshavn
Ægtefælle Alfred Christian Nielsen

#2 Assor S. N. P. Petersen
Født 27 sep 1888
Fredericia
Død 24 okt 1918
Bispebjerg hospital

#3 Carla Cathrine Pedersen
Født 20 jul 1889
Frederiksberg sogn
Død 24 okt 1918
Bispebjerg hospital

#4 Anders Person
Født 23 apr 1862
Stänum, Kristrup sogn, Randers amt
Gift 5 jul 1888
Højen kirke, bosat i Fredericia
skt. 25 aug 1910
Død 8 nov 1921
København, skt. Johannes sogn

#5 Maren Sørensen
Født 13 apr 1861
Højen by, Vejle amt
Død 3 jun 1932
Møllegade 30 D, Kbh.

#6 Vilhelm Pedersen
Født 16 maj 1865
Jørslev, Karise sogn, Præstø amt.
Gift 15 jan 1888
Sct. Matthæus sogn, København
Død 2 jun 1942
Nørre hospital, København

#7 Anna Marie Pedersen
Født 7 jun 1860
Kobelev sogn, Maribo amt
Død 4 jan 1902
Nakskov
De gamles by, København

Pehr Assarsson #8
Født 4 dec 1826
Bjuf ved Helsingborg, Sverige
Gift 7 nov 1860
Årslev kirke
Død 3 feb 1899
Randers

Hanne Andersdatter #9
Født 5 okt 1832
Tulseboda, Jamshog, Blekinge, Sverige
Død 15 mar 1909
Randers

Søren Pedersen #10
Født 25 dec 1815
Jerlev sogn, Vejle amt
Gift 7 jun 1850
Højen kirke
Død 13 dec 1910
Højen by og sogn.

Lene Pedersen #11
Født 25 nov 1824
Højen sogn, Vejle amt
Død 6 okt 1900
Højen

Peder Hansen #12
Født 2 mar 1827
Karise sogn, Præstø amt. Jørslev
Gift 28 apr 1854
Fakse
Død 11 apr 1870
Karise sogn, Præstø amt, Jørslev

Anne Catrine Frederiksdatter #13
Født 1 mar 1827
Brandskovhusene
Død 2 jun 1898
Jørslev

Hans Christian Pedersen #14
Født 16 okt 1832
Sandby sogn, Højsmarke
Gift 25 jul 1857
Kobelev kirke
Død 4 jan 1902
Nakskov

Karen Stine Pedersen #15
Født 2 okt 1832
Sandby sogn, Maribo amt, Taars
Død 9 jun 1917
Nakskov alderdomshjem

Assar Pehrsson #16
Født 14 jan 1790
Gift 4 apr 1821
Død 30 nov 1869

Boel Persdotter #17
Født 12 aug 1792

Anders Svensson #18
Født 25 mar 1803
Død 26 feb 1871

Kjersten Svensdotter #19
Født 1806
Død 13 feb 1841

Peder Sørensen #20
Født 1783
Gift 19 aug 1815
Død 9 sep 1842

Maren Jørgensdatter #21
Født 16 mar 1783
Død 14 dec 1875

Peder Christian Carlsen #22
Født 19 okt 1794
Gift 24 okt 1824
Død 29 apr 1858

Anna Kirstine Laursdatter #23
Født 1797
Død 9 jul 1839

Hans Clausen #24
Født 1798
Gift ca. 6 jun 1821
Død 17 mar 1880

Maren Pedersdatter #25
Født 17 mar 1802
Død 17 mar 1880

Frederik Pedersen #26
Født 1785
Gift 12 nov 1818
Død 25 jul 1845

Kirsten Larsdatter #27
Født 1790
Død 27 dec 1865

Peder Christensen #28
Født 14 feb 1779
Gift 1 maj 1830
Død 7 maj 1855

Anne Hansdatter #29
Født 16 okt 1796
Død 2 feb 1861

Peder Pedersen #30
Født 14 mar 1805
Gift 14 nov 1829
Død 29 sep 1878

Birthe Hansdatter #31
Født 16 okt 1804
Død 2 dec 1843

Pehr Pehrson #32
* 25 mar 1774

Hanna Pehrsdotter #33

Per Møller #34

Bengta Persdotter #35

Sven Nilsson #36

Elna Nilsdotter #37
28 mar 1776 - 2 mar 1853

Sven Svensson Exbjörn #38
27 nov 1772 - 17 nov 1840

Kerstin Persdotter #39

Søren Pedersen #40

Anne Marie Jensdatter #41
ca. 1753 ell. 1757 - 19 jun 1820

Jørgen Pedersen Klank #42
ca. 1742 - 14 maj 1821

Ane Dorthe Andersdatter #43

Johan Carl Nekenberg Snedker #44
ca. 1747 - 3 dec 1829

Lene Christensdatter #45
ca. 1749 - 5 feb 1807

Laurs Jepsen #46
ca. 1758 - 2 jan 1835

Else Madsdatter #47
1762 - 11 mar 1810

Claus Jacobsen #48
1763 - 9 aug 1858

Anne Nielsdatter #49
ca. 1749 - 12 feb 1831

Peder Andersen #50
ca. 1757 - 26 sep 1825

Ellen Olsdatter #51
1771 - 13 jun 1823

Peder Andersen #52
1779 - 1807

Anne Dorthe Jørgensdatter #53
ca. 1750 - 13 jan 1822 ell. 183

Lars Rasmussen #54
† 9 jun 1846

Sara Jacobsdatter #55
1750 - 8 aug 1820

Christen Pedersen #56
1760 - 21 sep 1792

Maren Jørgensdatter #57
ca. 1747 - 28 maj 1800

Hans Hansen Greve #58
* ca. 1757

Karen Marie Jørgensdatter #59
ca. 1764 - 1 dec 1829

Peder Johansen #60
ca. 1772 - 1 maj 1811

Karen Pedersdatter #61
7 jul 1782 - 10 aug 1830

Hans Knudsen #62
† inden 1816

Kirsten Hansdatter #63
27 feb 1782 - 2 feb 1865

Sverige

I midten af 1800-tallet var det hårde tider i Sverige. Der var mangel på arbejde og føde, og mange valgte at forlade landet. Fra 1820-1910 udvandrede 1,5 mill. eller ¼ af landets befolkning. De fleste tog til Amerika, landet hvor det var muligt at få arbejde og måske endda jord selv. Det var en lang, dyr og vanskelig rejse, som ikke alle slap fra med livet i behold. Valgte man at rejse til Amerika, var det for livstid. Det var de færreste, som nogensinde kom tilbage til fædrelandet.
Vilhelm Moberg har beskrevet det i "Udvandrerne".

Danmark

Det var ikke nær så dyrt at komme til Danmark, og der var bedre mulighed for at komme hjem, hvis man ville.
I Danmark var forholdene for almuen langt fra gode, men de var ikke helt så elendige som i Sverige. Der var mere arbejde at få, og fattige danske arbejdsfolk havde ofte lidt jord til deres hus, således at de kunne dyrke grønsager, og et eller to får kunne græsse, om ikke andet så på grøftekanten.
Livet som fattig svensk landarbejder i Danmark i 1800-tallet er beskrevet i Martin Andersen Nexøs: "Pelle Erobreren"

I midten af 1800-tallet har Danmark gennemgået store forandringer.
- Flere og flere forlanger en fri forfatning, altså ophævelse af kongens enevældige magt.
- Der er også et stigende råb om landboreformer. Landet kan ikke længere brødføde sig selv under de meget gammeldags og snærende forhold landbruget drives under.
- Slesvig-Holstens tilhørsforhold til Danmark volder store problemer.

Kong Chr. d. 8. dør i januar 1848, og Frederik d. 7. bliver konge.
I april 1848 bryder den første af de to slesvigske krige ud, den såkaldte 3årskrig. Man har også kaldt den en krig mellem brødre. Det var både en borgerkrig og en konflikt mellem Danmark og de tyske stater. Danmark opfatter sig som vinder efter slaget ved Isted i 1850.

Den 5. juni 1849 vedtages Danmarks grundlov. Kongens enevældige magt er ophævet. Der bliver valgret til mænd over 30 år.

På landet får husmænd og andre mulighed for at blive selvejerbønder. Det betyder blandt meget andet, at de ikke længere skal yde hoveri på godset, altså arbejde for herremanden, som en del af betalingen for brugen af deres husmandssted.
Det medfører også, at de store gårde og godser får hårdt brug for billig arbejdskraft, og derfor bliver det i de kommende år et erhverv for driftige folk at skaffe blandt andre svenskere til landet. Det er unge mænd og kvinder der, for en ringe betaling arbejder i næsten alle døgnets lyse timer.

Indvandringen

Svenskerne kommer enten til landet på eget initiativ, bliver kontaktet af en arbejdsgiver eller kommer i kontakt med en "fæstemand", som sørger for rejsen til Danmark og kontakten til en arbejdsgiver.

I Aarhus Stiftstidende d. 12. juli 1855 bekendtgør F. C. Busch at han modtager bestilling på svenske tjenestefolk, frit leveret i Aalborg, Randers og Aarhuus.

Behag at mærke!
Herved er jeg saa fri at bekjendtgjöre, at jeg modtager Bestillinger paa svenske Tjenestefolk til 1ste November, naar Ordres og Omköstningerne (som er 8 Rdlr. 3 Mk. Stk., frit leverede i Aalborg, Randers og Aarhuus) snarest muligt blive mig tilsendte, og har jeg faaet arrangeret Sagerne i Sverrig saaledes, at jeg troer punktligt at kunne udföre de Ordres, der ville blive mig anbetroede.
Viborg Commissionscontoir, den 12te Juli 1855.   F. C. Busch.

Avis-annonce fra F.C. Busch, indrykket i Aarhuus Stiftstidende.

20

Aarhus Stiftstidende d.12. juli 1855.

I 1855 fragtede agent Busch 1550 svenske arbejdsfolk til Jylland, fortrinsvis til Randers, på dampskib.
Det er normalt at karlene skal gå eller i det mindste selv sørge for at komme fra ankomsthavn til arbejdssted, medens pigerne skal hentes af arbejdsgiveren.

I december 1855 ankommer en ung kvinde, Hanna, fra Sverige til Randers. Hun har nok gjort rejsen med skib til Randers.
5 måneder efter ankommer, til samme område, en ung mand, Pehr. Han har flere gange været i Danmark, men da på Sjælland, nærmere bestemt på Amager ved København.
Nu befinder han sig også i det Midtjyske, og de to møder hinanden.

Fortællingen *her* tager sit udgangspunkt i de 2 unge mennesker, der uafhængigt af hinanden vælger at prøve lykken i Danmark. De møder hinanden, og det bliver til mere end 40 års samliv.

Pehr Assarsson

Født: 4.december 1826. Bjuv i Sverige.
Død: 3.februar 1899 i Randers.

Forældre: Assar Pehrsson
          Boel Pehrsdotter

Hanna Andersdotter

Født: 5. okt.1833. Jamshøg i Sverige.
Død: 15.marts 1909 i Randers.
Gift: 7.november 1860 i Årslev.

Forældre: Anders Svensson
          Kjerstin Svensdotter

Børn:
1. Ane Pedersen. Født 1857, død 1857.
2. Ane Pedersen. Født 1858.
3. Niels Pedersen. Født 1859.
4. Andreas Person. Født 1860, død 1861.
5. Anders Person. Født 1862., død 1921. *Vores ane.*
6. Birgitte Kirstine Person. Født 1864, død 1866.
7. Christian Pedersen. Født 1869, død 1870.
8. Jens Christian Pedersen. Født 1871, død 1871.
9. Bolette Kirstine Pedersen. Født 1872, død 1872.
10. Bolette Kirstine Elisabeth Assorson Pedersen. Født 1874, død 1878.

Malmø 1854

Den 6. november 1854 udstedes i Malmø et vandrepas til en ung mand på 27 år. Han er middel af bygning, har brunt hår, blå øjne og et ovalt ansigt. Hans navn er Pehr Assarsson.
Han ankommer første gang til Danmark d. 10. november 1854. Han får arbejde på Amager.
Den 28. maj 1856 foreviser han sine rejsepapirer i Haslund præstegård i Randers amt. Han har da fået arbejde hos gårdmand Laurs Poulsen i Trustrup.
I præstegården noterer præsten hans tilgang til sognet.

Når en udlænding søgte arbejde i Danmark, skulle vedkommende, lige som i dag, være forsynet med et pas.
Når man ankom til et sogn, skulle man henvende sig i præstegården, hvor man blev indskrevet i kirkebogen under tilgang og ved afrejse under afgang. Det samme gjaldt også alle danske tjenestefolk.

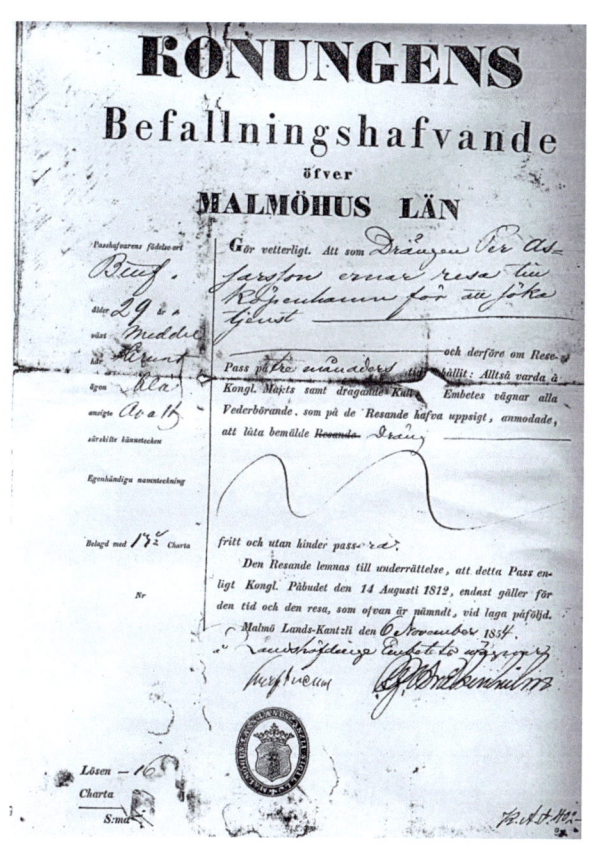

Pehrs vandrepas Malmø 6. nov. 1854

Der anførtes også, om man var vaccineret og konfirmeret. Det var nemlig en forudsætning for f. eks. at indgå ægteskab. Det gjaldt frem til 1862.

Pehrs opvækst.

Pehr er født i 1826 i Ohlstorp, Bjuv sogn ved Helsingborg i Sverige. Han er opvokset i fattige kår, som den midterste af 5 søskende.

Pehrs far, Assar Pehrsson, er født i 1790. Moren er født i 1792. De bliver gift i 1821 og ifølge flytteattesten til Bjuv, kan de begge læse indenad og læse op af Luthers katekismus.

Assar er tjenestekarl og sidst i 1840-erne er de "på socknet". I dette tilfælde bor de på fattiggården. Da er de midt i 50'erne.

Pehr bor hos forældrene til 1842. Da er han 16 år og tjener i Bjuv.

Han arbejder sikkert som tjenestekarl flere forskellige steder i Bjuv, inden han beslutter sig for at prøve lykken i Danmark.

Skåne len i Sverige med Bjuv kommune i det røde felt.

Hanna i Danmark

Om det er omtalte F. C. Buschs firma, der har bragt Hanna Andersson til Danmark, vides ikke, men lige fyldt 22 år, forlader hun Sverige d. 26.11.1855.

Hun ankommer til Ølst i Randers amt d. 6. december 1855, 11 dage efter at hun har forladt sognet i Sverige.

Hun starter med at arbejde på en gård i Gl. Ølstvad som ligger lidt syd for Randers.

Tjenestefolk kaldtes dengang tyende, og i Tyendeloven af 1854 blev det slået fast, at husbond havde revselsesret over sit tyende og kunne opdrage og straffe som han ville. Fra 1862 skulle de have en skudsmålsbog, en kontrolbog med oplysninger om fødsel, forældre, dåb, skolegang, konfirmation og påtegninger af arbejdsgiveren. I 1867 blev det forbudt at skrive om opførsel og evner, bogen måtte nu kun indeholde angivelse af tjenestetid og -sted.

Hannas opvækst

Hanna er født i 1832 i Blekinge, Jämshög sogn, et lille sted kaldet Tulseboda.

Hendes far, Anders Svensson, er født i 1803. Han er gift med Kjersten Svensdotter, med hvem han har 8 børn, hvoraf Hanna er det 4. barn.

I 1828, 4 år før Hannas fødsel, flytter familien til Tulseboda ved Kyrkhult, til Grytsjötorpet. Anders kaldes i almindelighed "Grytsjö-Annersen".

En Torp er et lille husmandslod. Der er ryddet noget jord, som bliver dyrket af husmanden, men Anders er "dagverkstorpare" og skal derfor, ifølge kontrakten, yde dagsværk, altså arbejde, for bonden der ejer stedet.

Grytsjö-torpet ligger langt inde i skoven med udsigt til en lille sø og med stenede marker omkring.

Huset er for længst erstattet af et andet, men husets nuværende ejer har værnet om kælderen til det hus som Hanna og hendes familie boede i.

Staldruinen i Tulseboda.
Foto: Inge Leth-Nissen

Kælderen fungerede som stald oven på hvilken stuehuset stod. Båsene til dyrene og drikketruget er stadig meget velbevarede, hvilket kan ses på billederne.

Hannas mor, Kjersten, dør i barselseng i 1841. Barnet dør en uge efter. Hanna er nu 8 år.
Et år efter får Anders det første barn med Sissa Svensdotter. De får sammen 5 børn. Sissa er formodentlig søster til Kjerstin. Anders dør i 1871 og Sissa bor i torpet til sin død i 1889.
Hanna forlader hjemmet i 1849, 16 år gammel og arbejder et par forskellige steder i sognet, inden hun ender i Danmark i 1855.

Staldruinen fra Anders Svenssons hus med det nuværende hus i baggrunden.

Foto: Inge Leth-Nissen

De første børn

Hvor Hanna og Pehr har mødt hinanden vides ikke, men et år efter at Per er kommet til Ølst sogn, får de datteren Ane. Hun dør 3 uger gammel.
Da en lille ny Ane fødes året efter, den 28. marts 1858, er de begge i tjeneste hos gårdmand Niels Mørch i Askildrup (Ølst sogn). Ane bliver døbt 14 dage gammel og kommer i pleje i Rud. Hanne er kort tid efter i tjeneste hos R. Christensen i Hallendrup, Rud sogn. Er det mon her Ane er i pleje? Hanne tager tilbage til Ølst 1. november 1858 og er nu gravid i 6. måned. Per er i Kristrup.
11 måneder efter Anes fødsel bliver Niels født d. 17. feb. 1859. Per udlægges som barnefar.

Fattighuset i Øls

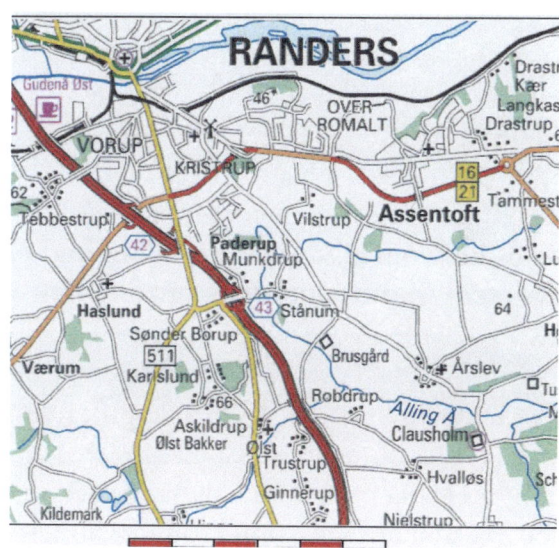

Randers og omegn

Hanne har ikke haft mulighed for at passe et arbejde lige efter fødslen, så hun er nu indsidder i Ølst fattighus.
På landet stilles ofte et fattighus til rådighed. Der skal ikke ydes noget, men fattighusene er ofte i en meget dårlig stand. Af fattigvæsnets forhandlingsprotokol fremgår det, at Hanna får tørv og penge.

Ved skiftedag 1.nov. 1859, efter 1 års op-
hold i Ølst fattighus, arbejder Hanne som
bryggerpige på Eistrupgaarden. Hun er nu
24 år.
Børnene, Ane og Niels, er sat i pleje (indtin-
get) hos Jens Chr. Frederiksen i Ølst, og
forsørges af fattigvæsnet. Jens Chr. Frede-
riksen lever med sin kone under meget
fattige forhold, så børnene har været en
indtægtskilde for ham.

Fattige børn blev ved årlige auktioner udli-
citeret til den af sognets bønder, der skulle
have mindst betaling for at påtage sig for-
sørgelsen og opdragelsen af dem. Fordelen
for bonden var, at barnet kunne fungere som
billig arbejdskraft på hans landbrug. Denne
ordning blev først ophævet i 1891.

Hannas børn er dog så små, at det må være
begrænset, hvad de har kunnet yde i form af
arbejde. I fattigvæsnets forhandlingsproto-
kol kan man også læse, at den svenske
Hannes børn har kostet 15R 2M 8 sk. i
1860/61.
Fattigvæsnet i Ølst har altså haft udgifter på
den lille familie, og i sommeren 1860 frem-
sættes krav om alimentationsbidrag fra Pehr
Assersen. Alimentationsbidrag kan sam-
menlignes med vore dages børnepenge.

Man kunne på den tid ikke blive gift, hvis
man skyldte alimentationsbidrag eller fik
fattighjælp, så mon ikke han har betalt.
Den 18. maj er man i fattigkommissionen
”enige om at den svenske Hanna, der atter
er frugtsommelig, burde sendes til Sverrig”.

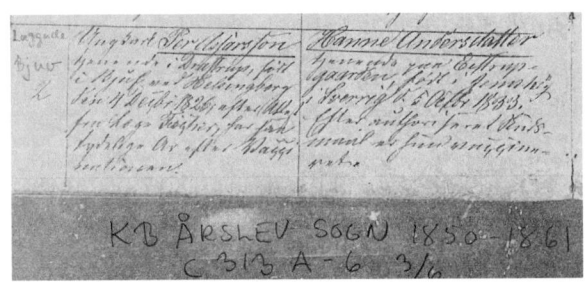

Kirkebogen Årslev sogn 1860.

Ægteskab

Andreas, deres 3. barn, bliver født d. 2. sept.
1860, og de bliver viet i Aarslev kirke d. 7.
november 1860. Den ene forlover er Jens
Chr. Frederiksen som har deres børn i pleje.
2 dage efter vielsen er de begge
indskrevet i Ølst. Her bor de i et hus i
Eriksborg indtil Andreas dør ½ år
gammel i februar 1861. Herefter vender
hun tilbage til Eistrupgaarden.
Ved skiftedag d.1. nov. 1861 forlader Hanne
Eistrupgaarden. Det oplyses at hun tager til
Sverige, som fattigkommissionen ønskede,
men 2. november er hun i Kristrup syd for
Randers hvor også Per er.

Jernbanearbejdere ved Horsens i ca.1886.

Han arbejder nu ved banen, og der tjener
han nok noget mere end han gjorde som
landarbejder. Han arbejder sikkert som
”banebisse” ved anlæggelsen af Randers –
Aarhus banen, den første banestrækning der
bliver anlagt i Jylland.
Anlægsarbejdet starter i april 1860 og banen
indvies 3. september 1862. Man kan nu
komme fra Randers til Arhus på 5 kvarter –
hvis man har råd til billetten.

Familien samles i Kristrup

I Ølst fattiggårds protokol fremgår det, at Hanne henter de 2 børn d. 25. nov. 1861 hos Jens Chr. Frederiksen i Ølst. Ane er nu 3½ år og Niels 2 år og 9 måneder.

De har fået sig etableret i Kristrup med deres 2 børn, men da hun hentede børnene, var hun gravid i 4. måned, og Anders (vores ane (forfar)) bliver født d. 23. april 1862. I 1864 får de endnu et barn, Birgitte, som dør i 1866, inden hun er 2 år.

I 1864 udkæmpes den 2. slesvigske krig og der lider Danmark et sviende nederlag. Den tyske hær når helt op til Randers. I april 1864 marcherer de over Randersbroen og ind i Randers. På deres vej er de kommet igennem Kristrup, og det er formodentlig ikke gået stille af.
Ved fredsslutningen afstår Danmark Slesvig og Holsten. Grænsen går nu til Kongeåen. Danmark er blevet et lille og fattigt land.

Randers og kågfarten

Den 2.maj 1868 flytter Per og Hanne med deres børn, Ane 10 år, Niels 9 år og Anders 6 år, til Randers. Deres navne er nu blevet de danske Hanne og Per.
De bor formodentlig i Vestergrave indtil 1870. Gaden ligger meget tæt ved Guden-åen/Randers fjord og Per er kågmand.

Foto: Lokalhistorisk Arkiv i Randers

Kågen trækkes op mod strømmen

Kågfarten tager til i midten af 1800 – tallet, da Drewsen opretter papirfabrikken på det sted, hvor Silkeborg efterhånden vokser frem.
Fragttransporten på Gudenåen foregik med kåg, en meget fladbundet skibstype med et stort ror, der kunne reguleres. Langs med rælingen var der et gangbræt, hvor pram-manden kunne gå og stage fra.
Prammen kunne have en lille kahyt både for og bag. De mest almindelige pramme var 10 -12 meter lange og ca. 4 meter brede. De kunne føre sejl, hvis vejret var til det. Prammene var velegnede til godstransport, ikke til persontransport.
Turen Randers/Silkeborg tog en uges tid. Fra Randers foregik første del af turen med prammens faste mandskab, normalt 2 mand, og så de såkaldte lejemænd, som hjalp med at trække prammen op mod strømmen til Bjerringbro. Hvis den sad fast, måtte de hop-pe i vandet og slide den løs. Det fik de 4 kr. pr. tur og kaffe og brændevin for.
Ved Bjerringbro afmønstrede lejemændene og hestekraft tog over. Ved Resenbro åle-gård var forholdene så vanskelige, at et spil var sat op til at trække prammene igennem. Turen tilbage fra Silkeborg til Randers gik let nok. Det var med strømmen og det tog 1-2 dage.

Egen Pram

Per har nok været lejemand i flere år, men i efteråret 1874 køber han en pram. Desværre er den ikke i en tilfredsstillende stand, så han forgriber sig på noget tømmer. Det bliver opdaget og i retsprotokollen kan læses følgende:*"han har engang i begyn-delsen af september måned, da han lå med prammen ved den såkaldte tyveholm i hav-nen her ved byen, tilegnet sig 4 stk. gode helkantede og 9 stykker mindre gode, ikke fuldkantede brædder, som han tog fra de bræddestabler der henstår på nævnte holm. Prammen trængte til garnering, beklædning i bunden med brædder, og i denne anledning var det at tiltalte stjal brædderne. De 9 sidstnævnte brædder stjal tiltalte ifølge en, om aftenen, forudfattet beslutning, en morgen tidlig, umiddelbart før han med prammen gjorde en rejse ned ad fjorden til Floes teglværk.*

Under sit ophold der lagde han brædderne i prammen. For at få dem til at passe savede han enderne af brædderne.

De fuldkantede har tiltalte indrømmet at have taget tidligere end de 9, men om det var tidligere den samme dags morgen eller måske den foregående dags morgen kan han ikke erindre.

De 9 brædder tilhører "Randers Aktie tømmerhandel" og de 4 mægler Hassager. Begge de bestjålne er indstillet på at lade tiltalte beholde de stjålne brædder, mod at betale de bestjålne brædderne værdi."

Den tiltalte erklærer sig villig til at betale hvad brædderne koster.

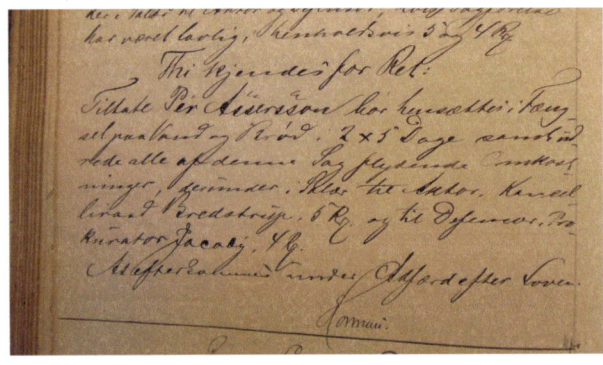

Dom fra Randers byfoged 10.nov. 1874

Tiltalte, der er født i Sverige, er ikke tidligere tiltalt eller straffet her i landet. Han vil få en straf, *"der under hensyn til sagens omstændigheder og navnlig til, at sådanne varer som de stjålne, der ifølge deres beskaffenhed må henlægge på steder, der er tilgængelige for alle, vanskeligt kunne bevogtes af ejeren og kun ved alvorlige straffe kunne værnes mod tyvshånd, derfor skønnes at kunne bestemmes til fængsel på vand og brød i 2 gange 5 dage".*

Sagens omkostninger på 12 Rd. 8 Sk. Skal Per også betale.

Det er en hård straf, men den skal virke afskrækkende på andre. Fængsel på vand og brød i 10 dage er svær at klare. Den deles altid i 2 gange 5 dage, så fangen kan kommer til kræfter igen inden de sidste 5 dage.

Per og Hanne får yderligere 5 børn fra 1864 til 1874. De dør alle. Den sidste, der er født i 1874 dør i 1878.

Købet af kågen er måske et forsøg på at forbedre indtjeningen, så børnene kan få bedre mad.

Familien bor nu på Strømmen, en vej der ligger syd for Randers fjord i forlængelse af broen.

Fotografi af Randersbro set mod syd mod Strømmen. 1905

Efterhånden som jernbanenettet udbygges fra Randers, tager kågfarten af. Fra 1869 kan man nu komme fra Randers til Århus og Aalborg med tog. Fra 1871 går der også tog til Silkeborg. Man tager fra Randers til Skanderborg og derfra med en sidelinie til Silkeborg.

Der er dog stadig varer at fragte med kåg, men nok kun til de små steder i en vis afstand fra Randers.

Per arbejder stadig som kaagmand i 1878, men fra 1880 er han daglejer og arbejdsmand.

I 1880 bor de igen i selve Randers, i Kirke-gaardsstræde, i dag Laurentiigade 4 og i Trangstræde 11.

Per er 54 år og Hanne er 47 år. Deres ældste søn Niels på 20 år bor i hjemmet. Han har dog været i bl.a. Hobro, hvor han har været i lære som skomager.

Kirkegårdsstræde 4 i en renoveret udgave. Hanne og Per boede på kvisten. Dengang var der nok 2 lejligheder deroppe.
Foto Inge Leth-Nissen

Familien

Hanne har født 10 børn, hvoraf kun 3 når voksenalderen, og de ender alle 3 i Køben-havn. Ane og familie rejser i 1883, så følger Niels og familie i 1887 og Anders (vores ane) flytter med sin familie fra Fredericia til København i 1893.

Det har ikke været nemt at holde forbindel-sen med sine børn. Der var ikke telefon, og pengene har været for små til at de kunne rejse til København. Nogen stor øvelse i at skrive har Hanne og Per nok ikke haft, så det ikke mange breve. der er blevet sendt.

Een gang er Hanne i København, nemlig til Anes søn, Hans Assers, dåb i september 1888. Da er hun fadder.
Hanne har formodentlig også besøgt sin søn Niels og hans familie på Nørrebro.

Der genser hun de 3 børnebørn og ser den lille nye Niels Jacob, som er født i maj.

Hvis turen er foregået med tog, har hun haft mulighed for at gøre ophold i Fredericia og besøge sin yngste søn Anders og hans kone og nyfødte søn Asser. (vores ane)
Om Per er med på turen vides ikke.

Alderdommen

I 1891 søger Per om alderdomsunderstøttel-se, men får afslag, da han ikke har indføds-ret.
D. 9. april 1891 var loven blevet strammet således, at fremmedfødte kun var berettiget til offentlig understøttelse, hvis de havde opnået dansk indfødsret. 15 års varigt op-hold blev betragtet som mindstekravet for at få indfødsret.
Det kunne han jo nemt have opfyldt, hvis han havde søgt, men det fremgår ingen sted-er, at han skulle være blevet dansk statsbor-ger.
Per dør 72 år gammel i 1899. De bor da i Østergade 6, på 1.sal i mellembygningen.
Ved sin død får han understøttelse, men hvilken form vides ikke.

Søren Møllers gade 38, Randers.
Foto Inge Leth-Nissen

Hanne dør 1909 på Randers Fattiganstalt som ligger lige overfor hendes bopæl Søren Møllers gade 38. Hun er da 76 år gammel. De bliver begge begravet på Nordre kirkegård, grav N403 1/12. Den er naturligvis for længst sløjfet.

De har levet et hårdt og nøjsomt liv. Gad vide, om de følte de fik bedre livsvilkår ved at flytte til Danmark.

De levende børn

Ane, den ældste af deres børn, arbejder som tjenestepige i bl.a. Kongensbro. Hun bliver gravid, 19 år gammel og føder en lille dreng, Niels, i april 1878. Hun bliver gift med barnets far, Søren Christian Christiansen, i november samme år og samme dag bliver barnet døbt. I 1880 får hun en datter Johanne. De bor i Randers, og manden er arbejdsmand.

Som nævnt flytter Ane i 1883 med familie til København. Hendes lillebror Anders er muligvis med til at hjælpe ved flytningen. Han fortæller til en politirapport, at han har været i København med sin søster.

Hvordan mon sådan en flytning foregik på den tid?

Søren og Ane bor på forskellige adresser på Vesterbro, og får ialt 7 børn, men en lille Valri dør som 3-årig.

Søren dør i 1895 og Ane står nu, 37 år gammel, alene med 6 børn i alderen 2 til 17 år.

I 1897 flytter Adolf Olsen ind, formodentlig som lejer. Han er 24 år og født i Randers. De bliver gift i Sankt Matthæus kirke den 1. august samme år, og i februar 1898 får de en søn Ansgar Simon. Ane er nu 39 år.

I januar 1901 bor Adolf og Ane stadig sammen og han er kusk, men Ane har søgt separation og i juni 1901 får hun det bevilget efter gejstelig mægling. Hun bor da Estlandsgade 12 2.sal.

I 1912, ved Ansgars konfirmation, bor hans far, Adolf, i Hamborg. Han flytter på et tidspunkt til København igen. Han bliver gift, og både han og hans hustru er fadder til Ansgars børn.

Ane ernærer sig, i de sidste år af sit liv, ved at have 3-6 logerende i sin lejlighed. Der har næppe været mere end 2 værelser, så det har været særdeles trange forhold.

I alle årene i København bor hun på det indre Nørrebro.

Hun har arbejdet hårdt hele sit liv og dør i 1923 hos sin datter Valeri og hendes familie i Absalonsgade 19 4.sal. Hun bliver 64 år gammel.

Det ser ud som om familien har holdt sammen. Der har ofte boet flere af hendes børn med familier i samme opgang som hende, og hendes bror Niels bor også i nabolaget.

Niels, den mellemste af Hanna og Pers børn, er blevet uddannet skomager.

Lige som sin søster får han også et barn 19 år gammel. Han får en søn, Christian Peter Bernhard, med Joachimine Hansine Henriette Thorup i 1878.

De bliver gift i Budolfi kirke i Aalborg i 1883, en måned før deres næste barn kommer til verden. De får i alt 6 børn, men en datter Anna dør 17 år gammel i 1910.

I 1888 flytter de og deres nu 3 børn til København, og efter 1890 bor de i Sundevedsgade 17 st. på Vesterbro. Her lever de resten af deres liv.

Niels starter en skotøjsfabrikation eller et skomagerværksted på hjemadressen og igennem årene bliver 2 af sønnerne også uddannet skomagere.

Niels dør, 64 år gammel, på Kommunehospitalet i København i 1923.

Joachmine bliver boende i Sundevedsgade
17, og lever i en periode med en søn og et
barnebarn. Hun dør 87 år gammel i 1943.
De er begge begravet på Vestre kirkegård i
København.

Sundevedsgade 17 på Vesterbro i København.
Foto Inge Leth-Nissen, 2011.

Anders (vores ane), den yngste af de le-
vende børn, er i skrædderlære i Randers og
Hobro. Han bliver gift i Højen ved Vejle
med Maren Sørensen i 1888 og bor med sin
kone og 2 drenge i København fra 1893.
Han får et par børn udenfor ægteskabet og
bliver skilt fra Maren i 1910.
Læs mere om ham i det næste afsnit

Anders Person

Født: 23. april 1862. Kristrup s. Randers a.
Død: 8. nov. 1921. Læssøesgade 23 st.København

Forældre: Pehr Assersson
Hanna Andersdotter

Børn:
Asser Søren Niels Peter Christian Petersen. Født: 27. sept. 1888. Død: 24. okt. 1918.
Joachim Mettenius Petersen. Født: 11. nov. 1890. Død:

Anders
Anders er født 1862 i Kristrup sogn lidt syd
for Randers og han er den første ægtefødte
af Pehr og Hannas børn, det vil sige født i
ægteskab. Han er døbt i Kristrup kirke.

Kristrup kirke 1999.
Foto: Jytte Frank Dekov.

I 1868 flytter familien til Vorup, en by der
også ligger lidt syd for Randers, men dog
tættere på. Per arbejder i Randers og allere-
de i 1870 bor familien i Randers, i Vester-
grave. Anders er 8 år og hans søskende 12
og 11 år.

Faren er kaagmand på Gudenåen. Han frag-
ter varer måske helt til Silkeborg og er væk
fra hjemmet i mange dage af gangen. Moren
har nok også været nødt til at tjene til føden,
så enten har hun været væk fra hjemmet om
dagen, eller de har måske været så heldige,
at hun havde hjemmearbejde?

Maren Sørensen

Født: 13. april 1861. Højen by. Vejle a.
Død: 3.juni 1932. Møllegade 30 B. København
Gift: 5. juli 1888. Højen kirke.

Forældre: Søren Pedersen
Lene Pedersen

Vestergrave i Randers i 1800-tallet

Skolegang
I 1817 blev der i Randers oprettet en kom-
munal skole eller Fattigskole som den kald-
tes. I 1824 fik den navnet Den Brock-
Bredalske friskole.
Anders og hans søskende er fundet i "For-
tegnelse over skolepligtige børn i Randers
dec.1869". Vi får at vide , at de bor Vester-
grave, og at Anna er 12 år, Niels 10 år og
Anders 7 år. Vi får også at vide at de går i
friskole.
Det er gratis at have sine børn i friskole,
hvorimod borgerskolen er en betalingskole.

I 1876 fordelte de 1614 skolebørn sig som
følger:

Latinskole	58
Borgerskole	253
Friskolen	802
Private skoler	382
Katolske skoler	16
Privat undervisning	103

Der er undervisningspligt og møder børnene ikke, bliver forældrene pålagt mulkt, en slags bøde.

De fleste arbejderfamilier er afhængige af de penge børnene kan tjene, så derfor har friskolen kun halvdagsskolegang og eleverne derfor højest 20-25 timer om ugen, mod borgerskolens 32-38 ugentlige timer. Der er i gennemsnit ca. 30-35 børn i friskoleklasserne. Det dækker over at der ofte er over 40 elever i klasserne. I borgerskolen er der ca. 28.

Eleverne i friskolen skal vælge enten formiddags- eller eftermiddagsskolegang, og en stor del af dem har så arbejde før eller efter skole.

Der er mange typer af arbejde for børn på denne tid. De kan arbejde som bydrenge, mælkedrenge, fabriksarbejdere o.s.v.

I 1873 bliver der sat en grænse for brugen af børns arbejdskraft i industrien, og det kan have haft en betydning for Anders, der da er 11 år. Det blev bl.a. forbudt at ansætte børn under 10 år, de 10-14-årige måtte højst arbejde 6 timer om dagen og ikke i skoletiden. Det blev forbudt børn at arbejde efter kl. 20 og på søn- og helligdage. De samme regler gjaldt dog ikke for bybude og andre.

I 10-årsalderen bliver man oprykket til skolens 2. klasse. I april og oktober er der offentlige prøver, som skolekommissionen overværer.

Der er 6 års skolepligt, og de fleste fattige børn stopper skolegangen lige efter konfirmationen. Anders er konfirmeret 21. april 1876 i Vorup kirke. Han er sikkert stoppet med skolegangen lige efter konfirmationen, som de fleste andre gjorde.

I 1877, da Anders er 15 år gammel, udstedes i Randers en vandrebog til ham. En vandrebog er en lille paslignende bog, som arbejdere og håndværkere altid skal bære på sig. Den blev indført i 1828. Ved ankomsten til en ny købstad skal den vises hos politiet.
Den blev afskaffet sidst i 1800-tallet..

I konflikt med loven

Allerede i 1878, som 16-årig er Anders første gang i konflikt med loven.

Han er tiltalt for at have stjålet 6 kr. sammen med en kammerat. Han benægter og tiltalen frafaldes, men samtidig bliver han sammen med denne kammerat og 2 andre jævnaldrende drenge tiltalt for tyveri af nogle skind.

De 4 drenge, Rasmus, Charl, Lauritz og Anders, har bemærket, at der i købmand Chr. Thomsens gård på Østergade (Randers) altid hænger mange skind i porten. Den er lukket om natten, men under porten er der et mellemrum, stort nok til at en ikke for stor dreng kan krybe under.

Drengene aftaler at stjæle nogle skind, og de stjæler i alt 13 stk.

Det foregår på den måde, at en kravler under porten, henter et skind og lægger det stjålne skind hen til porten, derefter trækker de andre skindene ud.

Skindene sælger de til forskellige næringsdrivende til "almindelig gangbare priser fra 2,15 kr. til 2,25 kr. pr. stk."

De indtjente penge bruger de til "slikkerier, sejlture og deslige".

Ved retssagen mod dem oplyses det, at 5 af de sidst stjålne skind er blevet leveret tilbage til købmand Thomsen, således at han ved retssagen kræver 20 kr. i erstatning for resten.

De har alle tidligere været i "kolission med loven", men ingen af dem er tidligere "kriminelt straffet".

Da Anders og Charl begge er over 15 år, bliver de straffet med fængsel på normal fangekost i henholdsvis 40 og 30 dage.

Rasmus og Lauritz, der begge er under 15 år, bliver straffet med 2 gange 20 slag ris fordelt på 2 dage.

Ud over de 20 kr. til Thomsen skal de også betale sagens omkostninger på 22 kr.

Skrædderlærling

Efter konfirmationen kommer Anders i lære som skrædder. Han fortæller til politiprotokollen i Nibe i 1883, at han har lært som skrædder i Kolind. Han må have været i lære fra 1878 til 81, da læretiden er 4 år.

Fra 1881, da han er blevet svend, lever han et omflakkende liv (på valsen) i bl. a. Kvols ved Viborg, Mariager, Hobro, Kolind, Ølst, Skanderborg, Århus, Kristrup, Vejle og Fredericia.

Før 1857, da lavene stadig eksisterede, var det at tage på valsen været et led i uddannelsen.

Svendevandringerne udviklede sig i 1800-tallets sidste halvdel til at være arbejds-løs-hedsvandringer, der fulgte de økonomis-ke konjunkturer. I de dårlige år strømmede de arbejdsløse svende ud på landevejene.

Guldsmedegade i Århus.

Der var en tendens til, at håndværkssvendene, der tidligere havde modtaget geskænk (rejsepenge) fra deres egne (fra lavene), nu tiggede fra alle og enhver. Forskellen på en vandrende svend og en vagabond, kunne det til tider være svært at få øje på.

Der blev efterhånden oprettet understøttelsesforeninger for de rejsende håndværkssvende, og lavene byggede egne svendehjem.

I 1885 bor Anders på sådan et herberg for håndværkssvende i Guldsmedgade i Århus og i 1888 på svendehjemmet i Fredericia.

De kriminelle handlinger fortsætter.

Anders fortsætter med sine kriminelle handlinger.

I 1883 bliver Anders (21 år) dømt to gange. Først i Nibe hvor han har fået bukser, jakke og vest hos skrædder Andersen mod at arbejde det af. Da han mangler 9 kroner og 80 øre rejser han uden at give besked. Han forklarer, at han skulle på session i Aalborg, og d.12. januar dette år (1883) tog han til København med sin søster. Han bliver arresteret og ført til Ribe. Her får han en dom for bedrageri på 14 dage på almindelig fangekost og betaling af sagens omkostninger, 22 kr.

Senere samme år bliver han dømt i Randers for uterlighed i forbindelse med for meget indtagelse af spiritus.

Anders og et par kammerater er på beværtning. Der er kun en lille pige på 11 år og hendes 2 små brødre tilstede.

Anders får de små brødre til at gå ud og pigen lokker han ud på lokummet. Han føler på hende og kysser hende før en nabokone og en af kammeraterne får ham til at lukke op og komme ud.

Da pigens far kommer hjem får han ham til at gå med ind til byen . Da de møder en betjent anmoder faderen ham om at anholde Anders. Trods sin berusede tilstand forsøger han at stikke af, men bliver anholdt og ført til politistationen.

Under retssagen erkender han alt, men undskylder sig med sin berusede tilstand.

Han bliver dømt til 5 dage på vand og brød

og betaling af sagens omkostninger.
Det takseres åbenbart billigere at forulempe en lille pige, end at snyde en voksen mand for 9 kr.80 øre.

Midt på året 1887 er Anders i Fredericia. Den 4. august sover Anders en rus ud i detentionen på Fredericia politistation. Han beskrives som 25 år gammel, 162 cm høj, middel af bygning, fyldigt ansigt, mørkt hår og brune øjne.

På et tidspunkt ankommer han til Vejle. Han bor på Svendehjemmet, men forlader dette i hemmelighed i foråret 1888.
Svendehjemmets forstander Nielsen erfarer på et tidspunkt at Anders bor i Fredericia og er gift.
Han skriver til ham og beder ham i en temmelig bestemt tone om at betale det skyldige beløb på 13 kr 92 øre. Han får hverken pengene eller noget svar, og 1. januar 1889 anmelder han Anders til politiet.
Om Nielsen har fået sine penge vides ikke, men Anders er ganske rigtigt blevet gift og har fået familie.

Ægteskab
Han er blevet gift med Maren Sørensen i Højen kirke d. 5. juli 1888.

Maren er gravid og knap 3 måneder efter, d. 27. sept. 1888, føder hun deres første barn Assor.
Det er en svær fødsel som varer 18 timer og Maren må have "2 fødselspulver for at drive hovedet ud af gjennemskæringen", så bliver der også født en fuldbåren dreng.
De bor i Fredericia hvor drengen bliver døbt i Michaelis kirke.

Maren
Maren er født i Højen, en lille landsby lidt syd for Vejle. Hendes forældre er murermester Søren Pedersen og hustru Lene Pedersen.

Højen kirke 2002.
Foto Torben Sørensen

De er begge født i området, så Maren er vokset op med familien omkring sig.
Hun er den yngste af 3 søskende og en lille efternøler. Hendes ældste søster Ane Kirstine er født i 1851, broren Peder er født i 1853 og først 7½ år efter bliver Maren født d. 13. april 1861.

Hun har sikkert arbejdet som tjenestepige fra konfirmationen i 1875. I 1880 er hun som 18årig tjenestepige i Svinholt by lidt øst for Højen.
1. februar 1887 er Maren ifølge tyendeprotokollen på Svendehjemmet i Fredericia.
Det er her hun har truffet Anders, og ved årskiftet er hun gravid.

Metodister
Maren og Anders flytter til Koldingvej i Vejle, og d. 8. december 1889 indtræder de i metodistmenigheden i Skt. Pauls kirke.
Deres andet og sidste barn Joachim Metthenius er født d. 11. november 1890 i Skt. Nicolai sogn i Vejle, men han er døbt i metodisternes kapel i samme by.
Allerede 1 år efter Joachims dåb bliver Anders udelukket fra menigheden, og Maren udtræder samme dag, d. 26. november 1891.
Hvad årsagen er vides ikke, men mon ikke det har noget med druk at gøre?
Metodistkirken tilbyder blandt andet alko-

holfri miljøer og bekæmper alkoholtraditioner, så man kan se det som et forsøg på at få Anders væk fra flasken.

København

De flytter til København i 1893. Hvornår på året de ankommer vides ikke, men vinteren er særdeles streng. Der måles temperaturer på ned til -23 grader, Øresund er frosset til, og prisen på kul stiger dag for dag. Det er vanskeligt at få råd til at fyre de små lejligheder i storbyen op.

Baggårde på Vesterbro.

I de sidste årtier af 1800-tallet er der også rigtig mange andre der flytter mod øst, til hovedstaden. Der er krise i landbruget og mange bønder og landarbejdere vender landbruget ryggen. Det ændrer fuldstændig befolkningssammensætningen, og i 1895 er næsten hver anden københavner født uden for København. Det giver naturligvis sameksistensproblemer, da tilflytterne har fremmedartede skikke og traditioner med og et sprog med mærkelige ord og vendinger.

I 90'ernes begyndelse er tilgangen af skræddere til København så stor, at det kan være svært at få arbejde i en etableret skrædderforretning, og Maren og Anders opretter på et tidspunkt egen systue.

De bor mange forskellige steder. Først i Sundevedsgade 17 på Vesterbro, samme adresse som hans bror Niels med familie har fra 1906 og resten af deres liv.
Siden bor de forskellige steder på Nørrebro.

Det var på den tid ret almindeligt, at fattigfolk flyttede forholdsvis tit. Flyttedag var 3. tirsdag i april og oktober. Datoerne stammer fra ældre tids lovgivning, hvor de var fastsat som datoer for ophævelse af et kontrakt-orhold. Det vil sige, når man sagde op eller blev sagt op eller opsagde sin lejlighed, så skete det på disse datoer.
For tyende og medhjælpere på landet var 1. maj og 1. november flyttedage eller fardage, som de også blev kaldt.

Ægteskabelige problemer

Anders har problemer med alkoholen. Han er kvartalsdranker, efter en af deres tidligere naboers udsagn.
Maren fortæller, at han altid med mellemrum er gået i byen og "bumle", og der kan gå flere dage, før han kommer hjem igen.

Postkort. Nørrebrogade ved Blågårdsgade.

I 1904 drak han 150 kr. op på en dag, penge som han havde fået i syløn. Det beløb svarer til 9250 kr. i 2009. Efter sådan en tur kan der godt gå en måned eller mere, hvor han ikke går i byen eller drikker.

Det er også det år, han pantsætter deres møblement, og hun må låne penge til indfrielsen hos et velgørenhedskontor i Colbjørnsensgade.

I 1904 og til ca. 1908 bor de på Nørrebrogade 158. 4. sal, og det er i de år problemerne mellem Anders og Maren tager til.
I 1907 får Anders et barn med en madam Josefine Petersen. Hun er 40 år og fraskilt.

Anders Petersens underskrift i Københavns overpræsidiums forhandlingsprotokol nr. 39 1908.

Barnet, en lille pige, får navnet Erna Agnes Josephine Hansen. Efternavnet er hendes mors fødenavn. Maren tilgiver ham og samlivet fortsætter.
De flytter til Baldersgade 50. 3.sal og har værksted i Nannasgade 15.
Deres tjenestepige Anna Frederiksen, som har været hos dem fra 1906, er blevet gravid, og Maren er sikker på, at Anders er faderen.
De ender med at flytte fra hinanden. Anders til Bangertsgade med Anne Frederiksen som sin hushjælp, og Maren til Julius Bloms-

gade 4 4.sal, hvor sønnen Joachim Metthenius har boet siden november 1907.

Ansøgning om underholdsbidrag

D. 14.juni 1909 går Maren til Studentersamfundets Retshjælp for ubemidlede. De hjælper med at skrive en ansøgning til Københavns Overpræsident om underholdsbidrag fra Anders. Hun begrunder det med, at manden er flyttet fra hende.
En uge efter mødes parterne og Anders erklærer at han ikke agter at forny samlivet, benægter at have forladt hende og nægter at yde hende noget som helst bidrag.

Maren udtaler ifølge politirapporten d. 17.august 1909, da hun søger underholdsbidrag: *"Det var særligt naar han var borte fra hjemmet, at han var slem til at drikke. Han var dengang trådt i kønsligt forhold til en tarvelig Kvinde, en Madam Petersen, der fødte et barn, som han er udlagt som far til, og siden han lærte hende at kende, har han forsømt sit hjem i høj grad, hvilket har gjort, at der blev et spændt forhold mellem Ægtefællerne. Sidste efteraar (1908) blev de enige om, at han skulle bo og opholde sig på Værkstedet i Nannasgade 15 st., medens Maren skulle forblive i deres private lejlighed, Baldersgade 50.3., og der indrette sin egen systue. Hun syr for Moresco og han for Trolle.
Han fik saa en seng og et Plysses Møblement til en stue ned på Værkstedet. Men efter et par Maaneders Forløb havde han solgt Møblementet og passede slet ikke sin systue, så han til sidst ikke havde noget at bestille. I januar maaned (1909) tog Maren ham så til sig igen, og de boede sammen til April Flyttedag, da de skulle fraflytte lejlighed og værksted.
Da manden - kun 8 dage før flyttedag - endnu ikke havde gjort Skridt til at faa lejet en Lejlighed, lejede Maren sin nuværende lejlighed i Julius Bloms gade.
Da hun flyttede, spurgte hun ham om han*

*ville flytte med, men dertil svarede han
"Nej". Maren mener, at dette er ens-bety-
dende med at han har forladt hende."*1*

Anders, ifølge politirapporten d.21. august
1909: *"Aarsagen til striden mellem ham og
hustruen stammer alene fra Systuen, idet
hans Hustru, i hvis Navn Systuen altid har
gaaet, altid har villet være den Komman-
derende, han har aldrig haft noget at skulle
have sagt, og dette Forhold mellem ham og
Hustruen er med aarene blevet saaledes
skærpet, saa han ikke kan udholde at
samleve med Hustruen, naar hun skal være
paa Systuen. Han har flere gange foreslaaet
Hustruen, at hun skulle nøjes med at passe
Huset, og saa skulle han alene passe Systu-
en, men det vil hun ikke gaa ind paa. Der er
intet i Vejen mellem ham og Hustruen, naar
blot hun vil nøjes med at passe Huset.
Det ulykkelige Forhold mellem ham og Hu-
struen har gjort, at han mange gange i de
senere Aar har søgt Adspredelse udenfor
Hjemmet, hvilket bl. a. har haft til Følge, at
han i sin tid traadte i Forhold til en Kvinde,
med hvem han har avlet et Barn. Han næg-
ter at være Fader til det Barn, hvormed
deres tidligere Tjenestepige, nu hans hus-
holderske, er svanger"*. Note2. Den 19. sep-
tember 1909 føder Anna Frederiksen en
dreng, Ejner Metthenius Frederiksen. Det
fremgår ikke af dåbsattesten, hvem der er
far til barnet, men i Fødselstiftelsens kirke-
bog er Skræddermester Anders Petersen til-
føjet senere, og drengens efternavn ændret
til Petersen. Det ser ud, som om Maren har
ret i sin påstand om, at Anders er faren.

Ansøgning om skilsmisse eller se-
paration

Den 8.marts 1910 søger Maren om skilsmis-
se, men får i første omgang afslag.
Det var ikke nogen let sag at blive skilt på
den tid. Det kunne kun ske ved dom eller
kongelig bevilling. Det krævede en grundig
redegørelse fra begge parter og flere vidners
udtalelse om de involverede ægtefæller.
Der bliver optaget politirapport over ægte-
fællerne.
Maren fortæller nu at han, når han kom
hjem fra sine drukture, kunne være yderst
brutal mod hende, både ved at udskælde og
prygle hende. Hun tilgav ham altid, fordi
hun holdt uendeligt meget af ham.
Men da han havde et forhold til Madam Pe-
tersen og fik et barn med hende, blev det al-
drig godt imellem dem.
Da hun synes, han lægger an på deres unge
pige Anne Frederiksen, ender det med, at de
flytter hver for sig.

Vidners udtalelser

Værtinden i Baldersgade 50 har kendt ægte-
parret i ca. 10 år og udtaler, at hustruen er
en meget hysterisk kvinde, som det ikke al-
tid har været lige let for manden at komme
ud af det med. Navnlig på værkstedet hvor
manden intet havde at sige. I de senere år er
han gået en del i byen. Han har drukket og
indledt et forhold til en anden kvinde. Men
hun mener, at hustruen har sin store del af
skylden herfor ved sin opførsel over for
manden.
Skomagermester Jensen, Lipkesgade har
kendt familien i mange år. De er kommet
sammen både i familielivet og i forretnings-
livet. *" hustruen er en i alle måder respek-
teret og hæderlig kvinde… Hun har altid
været ualmindelig flittig.. og den der måtte
sige god for ham for regningers betaling.
Manden kan være meget flink, men han har
den svaghed, at han ikke kan tåle at komme
i byen med penge på lommen, uden at han
drikker dem op. Han er ondskabsfuld, når
han er beruset og har undertiden slået
hustruen."*
Da Anders møder op på politistationen til
optagelse af politirapport, betegner betjen-
ten ham som yderst ubehagelig og grov.
Angående fremskaffelse af en fødselsattest
for Anne Frederiksens barn, svarer han, at
det ikke rager ham.

D. 25. august 1910 får de bevilget skilsmisse. Som der står i brevet, "har det behaget Hans Kongelige Majestæt Kongen allernådigst at bifalde at ægteskabet ophæves og at hustruen må indgå nyt ægteskab."
Hvordan det senere er gået Anders vides ikke, men da sønnen Mettenius bliver gift i 1914, er han ikke forlover eller medunderskriver på forloverattesten.
Han dør d. 8.november 1921, 59 år gammel. Han bor da Læssøesgade 23 st. Ved hans død, er det Anna Frederiksen, der foreviser skilsmissepapirerne i skifteretten og anslår hans bohave til ikke mere end 150 kr.

En uge efter Anders' død bliver Maren registreret i politiets registerblade som enke efter en skræddermester og med adresse fra 1.nov.1817 på Læssøesgade 23 st.
Hvad det handler om vides ikke, for på den adresse fortsætter Anders' samlever Anna Frederiksen med at bo 1 år efter hans død. Hun bor der i øvrigt sammen med deres fælles barn Ejner Metthenius.
Maren bor ifølge folketællingerne på Julius Blomsgade i alle disse år!
Trods det at de har været skilt i 11år, har hun måske ikke helt kunne holde sig fra at blande sig i hans forhold. Der er nok også mere status i at være enke end fraskilt!

Julius Blomsgade 4, 4.s

Maren flytter 1. maj 1909 til Julius Blomsgade 4 4.sal. Hun indretter systue i lejligheden og har i de følgende år i perioder en snes damer til at sy for sig. Nogle kan have syet hos hende og andre hjemme hos sig selv.
Begge sønnerne flytter med og desuden Carla Cathrine Petersen, som siden flytter sammen med og får børn med Marens ældste søn Assor.
I 1911 er en af de ansatte syerske Astrid Dorthea Rasmine Bugge. Hun bliver siden gift med Marens yngste søn Joachim Mettenius

Julius Blomsgade 4.

Nye tider

Det er en omvæltningernes tid. I slutningen af juli 1914 erklærer Østrig – Ungarn krig mod Serbien, og det bliver begyndelsen til 1. verdenskrig. Det får mange til at hamstre, og priserne på eftertragtede varer stiger. Krigen varer til november 1918.

1915. Kvinder i takketog til kong Christian d.10. De har fået valgret til rigsdagen.
Bemærk deres påklædning, der har virkelig været arbejde for en dameskrædder.

I 1915 får kvinderne valgret, og i 1920 bliver Sønderjylland dansk igen.
Maren arbejder som dameskrædder for A/S Moresco, hvor hendes søn er driftsleder. Fra 1922 får hun aldersrente.
Hun flytter på et tidspunk til Møllegade 30 D st. Her dør hun d.3. juni 1932, 71 år gammel.

Sønnerne

Assor, den ældste af sønnerne, har muligvis forladt hjemmet i 1909. Han får 3 børn med Carla Cathrine Pedersen. Børge i 1911, Gurli 1914 og en unavngiven pige i 1916.

Desuden får han en søn i 1908 og en datter i 1912 med 2 andre kvinder.

Han og hans samlever Carla dør henholdsvis d. 24. og 27. oktober 1918 af den spanske syge.

Dårlige boligforhold gør influenzaen kaldet "den spanske syge" til en epidemi i 1918. Den florerer især i de små og overbefolkede boliger i arbejderkvartererne.

I næste afsnit fortælles Carla og Assers historie.

Mettenius, den yngste, flytter hjemmefra som 22 årig i 1913. Han bliver gift i 1914 med syerske Astrid Bugge, der som nævnt arbejder hos moren.

Han bliver skræddermester, og de bor i mange år på Tagensvej 21, 2. sal. De får en søn Leif Jørgen Bugge Pedersen som er født i 1918.

Mettenius bliver driftsleder hos Moresco, Østergade 1, det samme firma som hans mor syr for. Et år efter morens død i 1932 flytter han og hans familie til Stigårdsvej 20 st. i Gentofte.

I 1950 bor de der stadig, han er nu 60 år.

De forældreløse børnebørn

Asser og Carla får som nævnt 3 børn, som bliver forældreløse ved deres død i oktober 1918.

Den ældste Børge og den yngste en lille unavngiven pige får ophold hos Carlas forældre, og den mellemste Gurli kommer til at bo hos Assers mor, Maren.

Maren reflekterer på en annonce i avisen, hvor et par søger et barn til adoption. Gurli mente som voksen, at det var hende der skulle have været bortadopteret. Det er også muligt, for Mettenius bliver først værge for

Gurli, men senere også for den lille unavngivne pige. Maren fører det meste af korespondancen med de mulige adoptivforældre godsforvalter N. S. Kristensen og hustru.

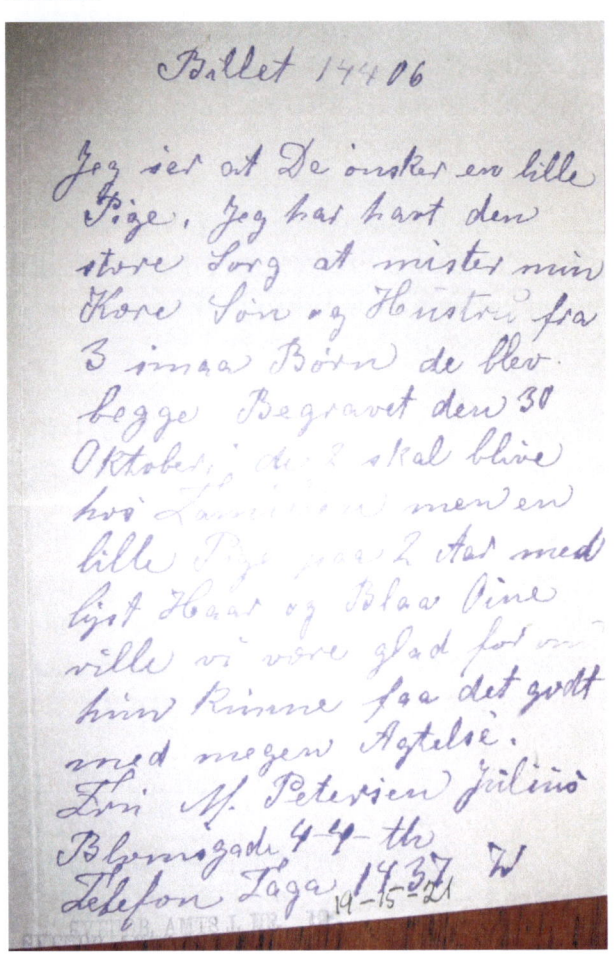

Det første brev Maren sender til godsforvalter Kristensen.

De har nok annonceret i forskellige aviser. De bor i forvalterboligen på Hesselagergård på Fyn.

De flytter dog kort tid efter adoptionen til Roskilde, hvor pigen, knap 3 år gammel, bliver døbt i Roskilde domkirke og får navnet Ruth Inge Kristensen.

Ruth er min mor og dåbsalderen forklarer, hvorfor hun, ved et besøg i kirken i 1990-erne med sine 3 piger, bemærker, at de har flyttet døbefonden. Det viste sig at være rigtigt.

Assor Søren Niels Peter Christian Petersen

Født: 27. september 1888. Fredericia
Død: 24. oktober 1918. København

Forældre: Anders Petersen
Maren Sørensen

Assor

Assor, den ældste søn af Anders Person og Maren Sørensen 2 drenge er født og døbt i Fredericia, Michaelis sogn i 1888. Hans Fulde navn er Assor Søren Niels Peter Christian.

Det eneste eksisterende billede af Assor.

Assor flytter som 5-årig med sin familie til København i 1893. De bor Sundevedsgade 17.st. på Vesterbro i 1895.

Prinsesse Charlotte gade skole ca. 1885

Carla Cathrine Pedersen

Født: 20.juli 1889. Frederiksberg
Død: 27.oktober 1918. København

Forældre: Vilhelm Pedersen
Anna Marie Pedersen

Børn: Børge Carlo Pedersen. Født 1. oktober 1911
Gurli Ester Pedersen. Født 2. juli 1914
Ruth Inge Kristensen. Født 27. sept. 1916

Han starter muligvis på Matthæusgade skole, men da de flytter til Ole Jørgensens gade, bliver han og broderen indskrevet i Prinsesse Charlottegades skole, på betalingsskolen. Det sker d. 28.9.1898, da han er 10 år. Han går 4 år på skolen, men 4 dage efter hans konfirmation i 1902, bliver han udskrevet.

Det er helt almindeligt at børnene slutter skolegangen efter konfirmationen. Så træder de ind i de "voksnes rækker"

Han er konfirmeret i Sankt Stefan kirke og er herefter kommet i lære som skrædder, men hvor vides ikke.

Postkort: Skt. Stefan kirke. ca. 1920.

Hans bror Mettenius går på skolen til 1. maj 1903, hvor han flytter til Husumgade skole. Det har måske været for dyrt med betalingsskole?

Hjemmet

De 2 drenge er vokset op i et hjem med nogen ufred. Deres far er "kvartalsdranker" og slår i perioder moren. I 1906 bor de alle 4 på Nørrebrogade 158, 4 sal. Assor er nu 18 år og skrædderlærling.

I 1907 får faren en datter med en anden kvinde, og i 1910 bliver forældrene skilt.

Assor skal efter sigende have spillet i Frelsens Hær.

Det er en kirkelig-social organisation som er grundlagt af metodisterne. Den kom til Danmark i 1887 og havde sit hovedkvarter på Frederiksberg Alle i København. Frelsens Hær udfører et stort socialt arbejde blandt fattige og udstødte.

Carla

Carla er født i 1889. Forældrene, Vilhelm og Anna Marie Pedersen, bor da Helgesvej 6A på Frederiksberg. Hun er den ældste af 6 søskende. Familien bor på Frederiksberg til Carla er 10 år.

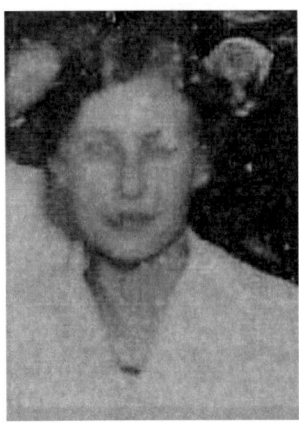

Carla Cathrine Petersen

Hun bliver konfirmeret i Sankt Lukas kirke i 1903, og i 1906 er hun tjenestepige.

1.maj 1909, en måned efter at Assers mor, Maren Petersen, er flyttet til Julius Blomsgade 4, flytter Carla til samme adresse. Det samme gør Assor. Om de har kendt hinanden før eller først nu møder hinanden vides ikke.

I 1909 får Carla, 20 år gammel, en abort i 2.måned. Er Assor mon faren? Hun behandles hjemme hos sine forældre "med medicin og sengeleje".

Fælles børn

Carla får senere 3 børn alle født udenfor ægteskab, men Assor er formodentlig far til dem alle.

Børge er født 1. okt. 1911 på Rigshospitalet. Carla er 22 år og arbejder som syerske.

Føde- og plejeafdelingen ved Rigshospitalet. Opført 1905-10.

Carlas næste barn Gurli Ester er født d. 2. juli 1914 i Stengade 22. 2. sal. I øvrigt samme adresse som Assors første barn Ejner blev født på i 1908.
Carlas forældre er fraflyttet lejligheden i Stengade 22, 5. sal, 2 dage før Gurli bliver født.

Ved Gurlis fødselsindskrivelse står faren ikke nævnt. Hun blev navngivet af moren 6. marts 1916, ½ år før hendes lillesøster bliver født.

Gurli er 4 år, da forældrene dør og hun kommer til at bo hos farmoren, Maren, fra

1919. Ved folketællingen i 1921 benævnes hun adoptivdatter.

Det sidste barn, en unavngiven pige, er født på Rigshospitalet d. 27. september 1916. Hun bliver adopteret af godsforvalter Niels Kristensen og hustru Mathilde, bliver døbt og får navnet Ruth Inge Kristensen. (Bog 1A)

Fødselsstiftelsen

Fødselsstiftelsen blev oprettet i 1750. Her kunne kvinder føde anonymt og få gratis lægehjælp. Formålet var blandt andet at undgå drab på nyfødte, og moderen blev lovet anonymitet til "evig tid". Denne regel bliver dog ændret i 2007.

I 1910 bliver Fødselsstiftelsen lagt ind under Rigshospitalet og bliver til Rigshospitalets fødeafdeling. I almindelig omtale bliver det langt op i 1900-tallet stadig kaldt Fødselsstiftelsen eller bare stiftelsen.

Selv om fødslen nu foregår på Rigshospitalet, har kvinden stadig mulighed for at føde uden at opgive faderens navn, og det er også muligt for hende at føde som et nummer og ikke opgive sit eget navn.

Carla har ved Børges og den lille unavngivne piges fødsel valgt anonymiteten for både sig selv og faderen.

De "uægte børn"

Som 20-årig i 1908 får Assor en dreng, Ejner (note1) med Ellen Elisabeth Marie Larsen. Det er Assors far, der på hans vegne accepterer og underskriver papirerne, da han selv er syg og sengeliggende. Han bor hos forældrene i Baldersgade 50. 3.sal, men flytter i 1909 med moren til Julius Blomsgade 4 4.sal.

Ellen bliver gift i 1911 med Anders Peter Kristoffer Hansen og Ejner får på et eller andet tidspunkt hans efternavn. hvilket ses ved Ejners konfirmation i Kapernaum kirke i Brønshøj i 1922. Han er formodentlig ble-

vet adopteret efter, at Assor er død i 1918. Da var det jo slut med alimentationsbidrag. Ellen og Anders får sammen 6 børn, så Ejner vokser op i en stor familie. Efter konfirmationen arbejder han som medhjælper på en fabrik.

Samtidig med at Carla føder deres første fælles barn Børge, har Assor et forhold til Christine Dorthea Mortensen. Hun får datteren Maja Kjeldsholm Mortensen d. 6.maj 1912.(note 2). Assor erkender at være barnefaren.

Christine gifter sig 25. juni 1918 med Jens Christian Poulsen og de bosætter sig i Farum hvor Christine kommer fra. Maja bliver adopteret af Jens Christian og får navnet Maja Kjeldsholm Poulsen. I 1921, som 9 årig bor hun ikke hos forældrene, men det gør hun i 1925 og i 26, hvor hun bliver konfirmeret.

Carla og Assors datter, Gurli, har siden fortalt, at hendes forældre ikke kunne blive gift, da hendes far skyldte alimentationsbidrag. Det kan sidestilles med det, man i dag kalder børnepenge, og på dette tidspunkt kunne man ikke blive gift, hvis kommunen havde udlagt alimentations-bidrag for en.

Sygdom og død

Carla og Assor bor i 1916 med deres 2 børn i Baggesensgade 20. Det 3. barn er måske født, da de bor Rådmandsgade 40 st.

I 1918 hærger influenzaen, den Spanske syge, i byernes overbefolkede kvarterer og mange unge mennesker dør.

Assor og Carla bliver indlagt på Bispebjerg Hospital med influenzaen. De dør begge i oktober 1918, han 30 år og hun 29 år gammel.

Da han skal bringes til hospitalet vil den lille unavngivne pige ikke slippe ham, fortæller farmoren i et brev.

Københavnske aviser skriver i 1918:
"Den spanske syge kræver mange ofre på Nørrebro.
Behjertede mennesker er i gang med et højst fornødent hjælpearbejde.
Dr. Schjæfer på Nørrebro erklærede i aftes, at mange steder ligger hele familien syg, og har ingen til at hjælpe sig. Der er gader på Nørrebro, hvor husene fra kælder til kvist er fyldt med syge mennesker. Et sted fandt lægen i går en familie, hvor mand, kone og tre børn lå syge. Ved siden af dem lå det fjerde barn – dødt. En værkfører på Nørrebro har på fire dage mistet sine tre døtre på grund af den spanske syge".
(4. november 1918)
"Aldrig siden koleraepidemiens dage har der været så mange begravelser i København på en dag. I går stod der 58 kister i Assistents Kirkegårds Kapel. Begravelserne begyndte kl. 8.30 og varede til kl. 4 i eftermiddags. De sidste 10 –12 dage har der været 300 begravelser på Assistents".

De forældreløse børn

Ved Carla og Assors død er 3 små børn nu blevet forældreløse.

Børge er lige blevet 7 år. Han bor i 1921 hos Carlas forældre og har formodentlig gjort det fra forældrenes død.
I tiden omkring november 1924 bor han hos Anders Nielsen, Skovlyst i Bøgesø. Mon det er et børnehjem? Han skal efter sigende være anbragt på et sådant i en periode.
Da han bliver konfirmeret 4.okt. 1925 bor han hos Anders Nielsen i Bøgesø, men ved folketællingen 5.november 1925 bor han igen hos morforældrene og er nu mekanikerlærling.
Han er gift første gang med Mary og anden gang med Rita, med hvem han får tvillinger.
Om han er gift en tredje gang, eller det er Rita der er damefrisør, vides ikke.
Han har forretning i Nørresøgade 23 eller 35 i 1959. Det er muligvis en cykelforret-

ning, men han har også solgt frisørartikler. Omkring 1950 er Børge en tur i fængsel. For hvad vides ikke.

Gurli er 4 år, da forældrene dør. Fra 9. januar 1919 kommer hun officielt til at bo hos farmoren. Maren Pedersen er dameskrædder og har muligvis egen systue. Gurli fortæller, at hun skal sætte farmorens hår, inden hun skal i forretningen. Farmoren går dårligt, hun lider formodentligt af Parkinson.
Hun fortæller også, at hendes onkel Mettenius slår hende, hvis hun har gjort noget forkert. Det sker, når han kommer på besøg.
Som 12 årig kommer Gurli på børnehjem. Det er i 1926, men hvor hun kommer hen vides ikke.
Hun er på et tidspunkt i Højen, hvor Maren kommer fra. Hun har måske boet hos noget familie. Marens bror lever der til 1934.
Gurli blev uddannet indenfor buksesyning.
Den 27. juli 1935 bliver hun gift med Ernst Victor Gram, men i marts har hun født en søn Bent, som Victor ikke er far til.

Til Ruths 75 års fødselsdag. De to søstre Gurli og Ruth i midten på forreste række. Til højre Gurlis datter Inge og til venstre hendes datter Birthe .I midten: Ruths datter Inge, Gurlis søn Børge, Ruths Hanne, Børges kone , Gurlis svigersøn Leif gift med Inge, Ruths datter Tove. Bageste Række: Ruths svigersønner. Fra venstre Knud gift med Inge, Bent gift med Tove og Bjørn gift med Hanne.

Victor og Gurli får 3 børn, Birthe i 1936, Børge i 1939 (død 2008) og Inge i 1944. Sidst i 1980'erne får hun, ved sine døtres hjælp, forbindelse med sin lillesøster Ruth. De får ca. 10 år sammen.
Gurli dør i 1997, 83 år gammel.

Den lille unavngivne pige er 2 år, da forældrene dør. Hun kommer til at bo hos morforældrene ligesom hendes storebror Børge. Men allerede inden årets udgang bliver der truffet aftale om adoption, og hun holder jul hos sine nye forældre Niels og Mathilde Kristensen. Han er godsforvalter på Hesselagergård på Fyn.

skrevet i Bog 1A).

Ruth bor i Frederikshavn fra hun er 9 år og til hun dør 91 år gammel i 2007.

Hun bliver gift i Frederikshavn kirke i 1942 med Alfred Nielsen. De sidste 25 år af sit liv lever hun som enke.

Dåbsbillede af Ruth og hendes adoptivmor

Mathilde Kristensen

Adoptionen går i orden d.14.8.1919, men da er familien flyttet til Roskilde, og den lille pige bliver godt 3 år gammel, døbt i Roskilde domkirke.

Hun får navnet Ruth Inge Kristensen.(be-

Kilder og efterskrift

Afsnittet Pehr Assersson:
Århus Stifts Årbog 1998. Svenskere til Hammel sogn 1856-1875, Arne Gammelgaard Købstaden Randers. Flodhavn og købmandsby: Ole Warthoe-Hansen, Henrik Fode, Finn H. Lauridsen.

Fremmede i Danmark: Richard Willerslev. Odense universitetsforlag. 1983.

Den glemte indvandring 1850-1914: Richard Willerslev. Gyldendal. 1983.

Randers Almueskoles Historie: H.P. Jacobsen. Randers. C.J. Ryes Bogtrykkeri. 1915.

Pramdragerne på Gudenåen: Hilmar Wulff. Fremad. 1965.

Levevilkår på de Østjyske fattiggårde.: Jan Vindberg-Larsen.

Find din slægt – og gør den levende: Jytte Skaaning & Bente Klercke Rasmussen.

Da tiden satte i spring: Poul Larsen. Historisk årbog fra Randers amt. 1997.
Den store danske encyklopædi.

Pramfart på Gudenåen: Keld Dalsgaard Larsen

Afsnittet Anders Person:
Skoledirektør H.P. Jacobsen: *"Randers Almueskolevæsens Historie"*.

Georg Nørregaard. Gyldendal 1943. Genudgivet 1977: *"Arbejdsforhold indenfor dansk håndværk og industri. 1857-1899"*.

Harry Haue, Jørgen Olsen, Jørgen Aarup-Kristensen: *"Det moderne Danmark 1840-1992"*. Munksgaard

Den Store Danske Encyklopædi. Gyldendal.
Axel Breidahl og Axel Kjerulf: *Københavnerliv gennem et halvt århundrede 1883-1912.*
Alfred G. Hassings forlag 1938.

"Landevejens farende svende. På valsen efter uddannelse og arbejde i 1800-tallet" Kulturhistorisk museum Randers. Årbog 2002.

Berlingske tidende. 28.okt.2010. Klumme af Jørgen Larsen: Bønderne kommer til byen.

Afsnittet Asser Petersen:
Efterskrift:
*1. Ejner Willy Larsen. F. 26.10-1908.
    Københavns Overpræsidium.
    AJ-journal 1908. 995-2006. nr.1477 Ellen
    Elisabeth Marie Larsen (måske gift
    Hansen) androg 8/9 (1908) om at skrædder
    Assor Petersen må forpligtes til hendes
    ventende barn. Jordmoder-attest medfulgt.
    Hun: Stengade 2 2.sal.
    Han: Baldersgade 50 3.sal.
*2. Københavns overpræsidium AJ journal
    1914. 801-1600 nr.1158 reg. 1614/12
    Frederiksberg Birk androg 7/5 om en
    genpart af resolution: alimentationssag
    Christine Dorthea Mortensen, Asser Søren
    Peter Christian Petersen genpart ud-
    færdiget.
    Københavns overpræsidiums forhand-
    lingsjournal AD-013 nr.82 1912 (1401-
    2200). j.nr. 1614 Kirstine Dorthea Mor-
    tensen androg 10/7 (1912) om at kommis
    Petersen må tilpligtes at alimentere til
    hendes d.6/5 1912 fødte barn Maja K.
    Mortensen. Dåbsattest medfulgte.
    Hun: Mødrehjemmet, Hausers plads 7
    1.sal. Han: Ubekendt adresse (overstreget)
    Julius Blomsgade 4 (overstreget) Roarsvej
    11 st.

kilder:
    *Kirkebøger og folketællinger.
     *Lillys danmarkshistorie: Pia Fris
      Laneth
     *Nørrebro lokalhistoriske forening
      og arkiv. Årsskrift 2007.

Asser og Carlas efterslægt (som jeg er bekendt med den):

Første generation

1. Børge Karlo Pedersen * 1. oktober 1911 på Rigshospitalet afd. B, København
Har været gift 2 måske 3 gange.

Første generation

2. Gurli Ester Pedersen * 2. juli 1914 i Stengade 22 2. th København. Død 8. november 1997.
København. Gift med Ernst Victor Gram. Død 9. juli 1988.

> *Børn:*
> i. Bent Gram * 5. marts 1935.
> ii. Birthe Gram * 2. april 1936.
> iii. Børge Gram *16. december 1939 København. Død 1. januar 2008. Gift med
> Vinnie Kipsø. Skilt 1982.
> iiii. Inge Gram * 16. januar 1944 København.

Anden generation

1. Bent Gram * 5. marts 1935 Rigshospitalet, København.

2. Birthe Gram * 2. april 1936 Rigshospitalet i København. Gift med Peter Leonhardt
Christensen.

> *Børn:*
> i. Pia Christensen *8. januar 1958 i København.
> ii. Jannie Christensen * 5. januar 1960 i København.

3. Børge Gram *16. december 1939 København. Gift med Vinnie Kipsø. Skilt 1982.
Gift med Lili. Død 1. januar 2008.

> *Børn:*
> i. Bjarne Gram * 17. september 1969 i København.
> ii. Susanne Gram * 28. september 1961 i København.
> iii. Berit Gram *8. februar 1968 i København.

4. Inge Gram * 16. januar 1944 i København. Gift med Leif Aksel Harald Olsen

> *Børn:*
> i. John Tommy Olsen * 28. august 1961 i København.
> ii. Rene' Per Olsen * 3. marts 1965 i København.

Tredje generation

6. John Tommy Olsen * 28. august 1961 i København. Gift med Tove Stuk.

> *Børn:*
> i. Christina Stuk Olsen * 18. oktober 1987 i København.
> ii. Annika Stuk Olsen *24. august 1991 i København.

7. Rene' Per Olsen * 3. marts 1965 i København. Gift med Marianne Hede.

> *Børn:*
> i. Daniel Hede Olsen * 18. september 1990 i København.
> ii. Benjamin Hede Olsen 5. juli 1993 i København.
> iii. Amanda Hede Olsen *14. august 1995 i København.

Første generation

3. Ruth Inge Kristensen * 27. september 1916 på Rigshospitalet i København. Død 13. december 2007 i Frederikshavn. Gift med Alfred Christian Nielsen * 11. august 1918 i Horsens. Død 23. oktober 1982 i Frederikshavn.

> *Børn:*
> i. Inge Elisabeth Bro Nielsen * 10. juli 1944 i Frederikshavn.
> ii. Tove Bro Nielsen * 5. juli 1947 i Frederikshavn.
> iii. Hanne Bro Nielsen * 1. februar 1951 i Frederikshavn.

Anden generation

1. Inge Elisabeth Bro Nielsen * 10. juli 1944 i Frederikshavn. Indretningsarkitekt og lærer. Gift med Knud Leth-Nissen * 28. marts i Nykøbing Mors. Lærer og skoleleder.

> *Børn:*
> i. Trine Leth-Nissen * 13. november 1969 i Rødovre.
> ii. Rasmus Leth-Nissen * 1. oktober 1972 i Svendborg.

2. Tove Bro Nielsen * 5. juli 1947 i Frederikshavn. Pædagog. Gift med Bent Sørensen. * 31. marts 1946 i Aalborg. Blikkenslager og pædagog.

Børn:
i. **Thea Bro Sørensen** * 8. juli 1972 i Middelfart.
ii. **Stine Bro Sørensen** * 14. juli 1975 i Middelfart.
iii. **Jonas Bro Sørensen** * 19. oktober 1982 i Middelfart.

3. Hanne Bro Nielsen * 1. februar 1951 i Frederikshavn. Ergoterapeut. Gift med Bjørn Lylloff * 26. juli 1952 i København. Lærer og skolevejleder.

Børn:
i. **Janus Lylloff** * 27. januar 1978 i Odense.
ii. **Sidsel Lylloff** * 21. december 1981 i Odense.

Tredje generation

1. Trine Leth-Nissen * 13. november 1969 i Rødovre. Tegnsprogstolk. Gift med Flemming Krogh * 13. november 1968 i Odense. Lærer og journalist.

Børn:
i. **Asger Krogh** * 25. juli 1997 i Aarhus.
ii. **Laust Krogh** * 20. september 2002 i Aarhus.
iii. **Liva Krogh** * 10. august 2006 i Aarhus.

2. Rasmus Leth-Nissen * 1. oktober 1972 i Svendborg. Lærer. Gift med Kamilla Sinding Rasmussen * 24. maj 1974. Lærer.

Børn:
i. **Lærke Sinding Leth-Nissen** * 19. marts 2001 i Odder.
ii. **Mathilde Sinding Leth-Nissen** * 12. oktober 2004 i Aarhus.

3. Thea Bro Sørensen * 8. juli 1972 i Middelfart. Køkkenassistent. Levede sammen med Johan Niklas.

Børn:
i. **Monica Niklas Sørensen** *24. juli 1997 i Middelfart.
ii. **Neja Niklas Sørensen** * 23. maj 2002 i Middelfart.

4. Stine Bro Sørensen * 14. juli 1975 i Middelfart. Har levet med Allan Friis.

Børn:
i. Mikkel Friis Sørensen * 22. maj 1997 i Fredericia.
ii. Emma Friis Sørensen * 8. august 2002 i Esbjerg.

5. Jonas Bro Sørensen * 19. oktober 1982 i Middelfart. Chauffør.

6. Janus Lylloff * 27. januar 1978 i Odense. Gymnasielærer. Lever sammen med Pia Jensen. Forsker.

Børn:
i. Alfa Lylloff * 20. april 2010 i Odense.

7. Sidsel Lylloff * 21. december 1981 i Bogense. Lærer. Lever sammen med Nigel Erle Gordon Thomas. * 7. september 1977 i USA. Lærer.

Børn:
i. Alvin Lylloff Thomas * 26. maj 2011 i Svendborg.

Bogen kan købes på www.bod.dk

© 2012 Inge Leth-Nissen
Forlag: BoD – København, Danmark
Fremstilling: BoD – Norderstedt, Tyskland

ISBN 978-87-7114-592-2